Chakras

Autocura:
o Caminho para a Saúde Física, Emocional, Mental e Espiritual

Ana Maria Nardini

Chakras

Autocura:
o Caminho para a Saúde Física, Emocional, Mental e Espiritual

MADRAS®

© 2017, Madras Editora Ltda.

Editor:
Wagner Veneziani Costa

Produção e Capa:
Equipe Técnica Madras

Ilustração:
Chakras – Ana Nardini
Mudras – Márcia Tresse

Revisão:
Margarida Ap. Gouvêa de Santana
Neuza Rosa

Dados Internacionais de Catalogação na Publicação (CIP)
(Câmara Brasileira do Livro, SP, Brasil)

Nardini, Ana Maria Nardini
Chakras: autocura, o caminho para a saúde física, mental e espiritual/Ana Nardini. – São Paulo: Madras, 2017.
Bibliografia.
ISBN: 978-85-370-1060-0

   1. Chakras 2. Cura 3. Energia 4. Espírito e corpo
   5. Saúde I. Título.

17-02837   CDD-615.85

   Índices para catálogo sistemático:
   1. Chakras: Terapias alternativas 615.85

É proibida a reprodução total ou parcial desta obra, de qualquer forma ou por qualquer meio eletrônico, mecânico, inclusive por meio de processos xerográficos, incluindo ainda o uso da internet, sem a permissão expressa da Madras Editora, na pessoa de seu editor (Lei nº 9.610, de 19/2/1998).

Todos os direitos desta edição reservados pela

MADRAS EDITORA LTDA.
Rua Paulo Gonçalves, 88 – Santana
CEP: 02403-020 – São Paulo/SP
Caixa Postal: 12183 – CEP: 02013-970
Tel.: (11) 2281-5555 – Fax: (11) 2959-3090
www.madras.com.br

Este manual tem como objetivo apresentar de maneira simples os chakras, também conhecidos como centros energéticos.

Os chakras são muito importantes em nossa vida e mantê-los em equilíbrio é fundamental para uma vida saudável, em todos os níveis de consciência (físico, mental, emocional e espiritual).

Índice

Introdução 9

Conhecimentos Necessários para Estudar
os Chakras 13

Origem dos Chakras 21

Chakras 23

Como Funciona o
Sistema dos Chakras? 29

Como Posso Equilibrar um Chakra? 35

Algumas Definições 43

As Glândulas Endócrinas 47

Primeiro Centro Energético
– Autoconservação 51

Segundo Centro Energético
– Autogratificação 57

Terceiro Centro Energético – Autodefinição 63

Quarto Centro Energético – Aceitação 69

Quinto Centro Energético – Autoexpressão 75

Sexto Centro Energético – Reflexão 81

Sétimo Centro Energético
– Autoconhecimento 87

Outros Chakras 93

O Desenvolvimento Cronológico
dos Chakras 95

Bibliografia 109

1

Introdução

O Universo é formado por vórtices de energia que, ao girarem, formam planetas, estrelas e tudo no espaço infinito.

Os átomos giram dando o impulso necessário para formar tudo à nossa volta.

Um grão de areia, uma imensa montanha, tudo parte de um centro, do qual a energia sai em espiral, sobindo e descendo, como redemoinhos de energia, possibilitando o movimento.

Não é diferente com nosso corpo.

A energia que dispomos para viver vem de espirais que absorvem a energia cósmica, que alimenta nossa aura e se distribui pelos corpos. Esses espirais são chamados chakras.

Podemos considerá-los como uma ponte:

Mente – corpo

Espírito – matéria

Passado – futuro

Os chakras não são algo "místico". Tanto é importante esse conhecimento que a cada dia no Ocidente cresce por ele o interesse por profissionais das mais diversas áreas, pois os chakras, quer acreditemos ou não, estão em nosso corpo fazendo o trabalho de absorver a energia cósmica e distribuí-la pela aura e corpos sutis.

Estamos voltando para a casa, para a Fonte Pai-Mãe, depois de tantas vidas de tribulações, de vitórias e perdas. Compreender que os chakras são as "rodas" que movimentam o nosso veículo (corpo físico e sutil), ajuda-nos a fazer a viagem consciente, pois esses vórtices de energia são a ligação entre o visível (corpo físico) e o invisível (corpos sutis).

Hoje, com toda informação disponível, o ser humano compreende mais facilmente o que é invisível aos olhos físicos e pode tranquilamente sentir, perceber e vivenciar a maravilha do invisível.

Quando o que é considerado mistério revela-se, ele se transforma em sabedoria que pode ser colocada em prática na vida.

2

Conhecimentos Necessários para Estudar os Chakras

- **OS NADIS**

Nadis são veias por onde escorre a energia. O significado da palavra "nad", que vem do sânscrito, é justamente "escorrer".

Assim como o sangue escorre em nossas veias no corpo físico, o prana escorre pelos nadis.

Esses canais devem estar sempre abertos para que o prana flua, nutrindo nossos corpos sutis, dando-nos vitalidade.

A tradição do yoga fala da existência de 72 mil nadis no corpo energético. Três são os principais: **Sushumna**, que percorre a coluna vertebral e onde nascem os chakras, **Ida** e **Pingala**, nadis que saem do "fundo" da coluna vertebral e chegam às narinas subindo em forma espiral.

Ida relaciona-se à energia feminina, representa a corrente de energia negativa que chega até a narina esquerda; Pingala relaciona-se à energia masculina, representa a corrente de energia positiva e chega até a narina direita.

- **KUNDALINI**

Kundalini é a energia cósmica representada por uma serpente na cultura indiana. Ela está dormindo enrolada, apoiada no fundo da coluna vertebral – também chamada de Shakti.

Quando essa energia sobe pelo canal do Sushumna, ela abre todos os chakras e, ao alcançar o chakra coronário – a sabedoria divina – representado por Shiva, acontece o que chamamos de "samadhi", a grande união do ser humano com a consciência universal. Esse processo pode ser realizado por meio da meditação e da yoga.

- **O NÚMERO SETE**

A presença do número sete no planeta repete-se em várias tradições e culturas, sempre representando a elevação de energia para níveis superiores de consciência espiritual.

Algumas dessas manifestações:

Para os cristãos: sete sacramentos; sete sigilos; sete arcanjos; sete virtudes; sete pecados mortais.

Para a Teosofia: sete raios cósmicos.

E mais:

sete cores do arco-íris

sete notas musicais

sete dias da semana

Existe também uma corrente espiritual que acredita que nossa vida seja feita de ciclos com duração de sete anos cada.

- **OS CHAKRAS E A FLOR DE LÓTUS**

A flor de lótus é sagrada na Índia. Ela simboliza o caminho do desenvolvimento: nasce na lama e sobe à superfície da água florescendo limpa e bela.

Assim como ela deve ser nossa iluminação: a lama representa a nossa ignorância e o florescer, a nossa sabedoria despertada.

Os chakras podem ser chamados também de lótus. Cada um dos sete chakras principais corresponde a um número de pétalas dessa flor que descreve a abertura de um chakra.

- **A AURA**

Trata-se de um campo eletromagnético que circunda o corpo, protegendo-o como um envoltório de luz.

Todos os seres viventes possuem aura.

Ela mostra pela cor, textura e intensidade como é o real estado físico, mental e espiritual da pessoa.

Alguém triste não terá a mesma cor, textura e intensidade de aura que a de um indivíduo alegre e feliz.

Reforçar a aura faz com que ela também se fortaleça.

Podemos entender a importância da aura pelo fato de que tudo começa no campo energético. Quando temos uma doença no corpo físico, a parte energética está comprometida.

Por isso, a união da medicina convencional e técnicas de cura vibracionais é o futuro para a cura completa. Não só buscar o que estamos vendo ou sentindo no corpo físico, mas também onde tudo teve início (aura).

Estudos recentes indicam sete camadas de aura em vez de apenas três, como se pensava.

Tudo muito sutil, em um nível vibracional.

O terapeuta precisa se "sutilizar" também para acessar as auras mais fluídicas dos pacientes.

Cada camada do campo áurico relaciona-se com os chakras principais e as glândulas endócrinas. Dessa forma, conhecer pelo menos as características básicas de cada corpo áurico auxilia no entendimento dos chakras.

São eles:

1 – **Corpo físico**: O mais denso de todos os corpos, relaciona-se com o aqui e agora,

o momento presente. É importante cuidar deste corpo dando atenção à alimentação, à respiração e aos exercícios físicos. Existe uma grande preocupação hoje em dia na escolha dos alimentos. Os conservantes e produtos industrializados estão sendo evitados. Em meus cursos de Reiki, há alguns anos, o Mestre Sai Baba me pediu para dar ênfase à necessidade de uma boa alimentação, quando explico os cinco princípios do Reiki. Assim quando apresento o Princípio "amo e respeito todos os seres vivos", ressalto que nós, seres humanos, estamos incluídos aqui e que devemos respeitar e amar nosso corpo físico.

A respiração consciente nos impulsiona a viver no momento presente, alivia a ansiedade e revigora o oxigênio em nossas células. Existem vários tipos de exercícios de respiração que podem ser aprendidos em *sites* ou livros. Quem pratica yoga terá vários exercícios respiratórios à sua disposição.

2 – **Corpo etérico**: Este corpo tem a mesma forma do corpo físico, intermediário entre a energia e a matéria. As lembranças do que

vivemos estão contidas neste corpo. Ele é a matriz energética, em que se modela a matéria física. Primeiro um órgão forma-se no corpo etérico e depois assume a forma no corpo físico. Isso acontece também com nossas células: primeiro existe uma matriz, uma estrutura etérica.

Quando realizo curas com equipes médicas espirituais, consigo observar com facilidade o processo de recuperação de um órgão no corpo etérico.

3 – **Corpo emocional**: diferentemente do corpo etérico, este corpo tem sua forma mais fluida. Assemelha-se a nuvens coloridas em movimento. As cores dos chakras relacionam-se a este corpo. Essas cores podem mudar à medida que a pessoa evolui espiritualmente.

4 – **Corpo mental**: associa-se aos pensamentos. Geralmente é amarela, as cores das formas-pensamento estão de acordo com as emoções ou sentimentos que emanam do nível emocional.

5 – **Corpo causal**: aqui estão armazenadas as experiências boas de todas nossas vidas.

6 – **Corpo crístico**: corpo da Sabedoria Divina, da intuição. Sede do Amor Incondicional.

7 – **Corpo átmico**: corpo em que reside a Mônada Humana.

3

Origem dos Chakras

A origem da palavra chakra está ligada à prática da yoga. A primeira citação sobre os chakras encontra-se nos antigos e sagrados Vedas, antiga tradição escrita da Índia; mais tarde encontra-se também nos Upanishads, ensinamentos de sabedoria, transmitidos diretamente do mestre ao discípulo.

A origem dos chakras está intimamente ligada à tradição tântrica, em que os chakras e a kundalini começam a fazer parte da filosofia yoga.

Quando no Ocidente falamos de tantra, notamos uma certa incompreensão. A maioria das pessoas relaciona apenas a uma tradição sexual.

Porém, tantra, que significa "tear", se refere ao entrelaçar de "fios" que se cruzam em um mesmo tecido. O tecido é nosso corpo energético e os fios são os nadis, veias energéticas por onde passa a energia vital ou prana.

Os chakras são os pontos energéticos desse cruzamento dos nadis.

Deve-se ressaltar que a tradição tântrica refere--se à sexualidade em uma visão sagrada e engloba a kundalini e a Hatha Yoga, tendo como objetivo a integridade de espírito e mente, do masculino e feminino, a integração da dualidade.

4

Chakras

São vórtices, espirais que giram em seu corpo energético, com a função de absorver a energia cósmica vital do Universo e levá-la para dentro de seu veículo, alimentando sua aura e chegando nas glândulas endócrinas que depois vão influenciar os órgãos em seu corpo físico.

A palavra chakra é de origem sânscrita e significa "roda". Essas "rodas" permitem o movimento da energia em nosso corpo.

Os centros energéticos existem em cada camada áurica. Por isso, a diferença no tamanho, na cor e na vibração, pois estão relacionados ao desenvolvimento espiritual da pessoa. Como cada camada tem uma vibração, só expandimos quando podemos acessar tais camadas.

Existe um selamento entre uma e outra camada que pode ser alcançado com a purificação espiritual. Segue-se uma sequência evolutiva em que cada chakra está ligado ao mesmo chakra no corpo seguinte, mais sutil.

Essa sequência nos permite compreender a evolução no sistema de chakras de uma pessoa, quando começa a irradiar as cores dos Raios Cósmicos, ao atingir o equilíbrio nos corpos físico, emocional e mental.

Os chakras que se encontram no interior do corpo etérico – o corpo não material que se sobrepõe ao nosso veículo terreno – podem ser medidos por meio de campos de força eletromagnéticos dentro e ao redor de todas as criaturas viventes.

Quando se bate o cotovelo com força em uma mesa, por exemplo, e se sente uma espécie de "choque", nesse momento você acabou de tocar um chakra.

Hoje, escuta-se muito falar sobre os centros energéticos. Os cursos de terapias são comuns e essa palavra não causa mais surpresa entre aqueles que buscam um equilíbrio energético e o autoconhecimento.

Porém poucos usam o conhecimento adquirido nesses cursos no dia a dia.

Esses centros são parte integrante do ser humano e não algo místico ou apenas importante para os orientais, como algumas pessoas do Ocidente pensam.

O fato é que eles, os orientais, falam sobre as veias energéticas com mais facilidade, pois eles têm consciência de que elas existem e de que, para se ter uma vida saudável e feliz, esses centros devem estar equilibrados. É algo que faz parte da cultura deles.

O equilíbrio desses vórtices proporciona vitalidade, criatividade e bem-estar; já o desequilíbrio pode levar o organismo a se adoentar pela fadiga, desequilíbrio emocional, problemas de saúde e letargia.

Os chakras existem em grande número no corpo energético, mas para simplificar o estudo vamos nos aprofundar nos sete principais.

Essa separação acontece apenas para que eles possam ser estudados. Na verdade, estão interligados em um processo contínuo de interação matéria e consciência, demonstrando a riqueza da diversidade das características de cada um deles.

Alguns sistemas falam de nove a 12 centros energéticos, outros em cinco, mas como são vórtices de energia, não podemos impor limites ao seu número.

Cada um desses centros é um portal, um mundo gigantesco com características próprias. A energia deles é motivo de reflexão, meditação e dedicação por parte do ser humano consciente de que tudo é energia e se relaciona no Universo.

Cada chakra influencia as emoções, pensamentos, a atividade hormonal, a circulação, as funções dos órgãos de uma área do corpo, etc.

E, para facilitar o estudo, relaciona-se cada vórtice a alguns símbolos, como: uma cor, um elemento, um planeta, uma pedra, um mantra, entre outros. Cada um deles nos passa uma mensagem e ensinamentos.

Graças à associação a esses símbolos entendemos com maior facilidade a característica do centro energético.

Os chakras medem um diâmetro de 5 a 10 cm, podendo variar de tamanho de acordo com o desenvolvimento espiritual da pessoa, alcançando de 20 a 25 cm de diâmetro.

As vibrações e cores também variam, podendo ser amplas e radiantes, ou escuras, geralmente de tamanho menores.

O primeiro e sétimo chakras têm um vórtice em que a corrente energética corre para cima e para baixo no canal de Luz; os outros chakras possuem um vórtice na frente e outro atrás do corpo.

Estudos apontam que os vórtices dianteiros se relacionam com os sentimentos; os traseiros com a vontade própria e os vórtices da cabeça com os processos mentais.

Relacionamos também os cinco sentidos a um chakra: audição, olfato e o paladar com o 5º chakra; o tato com o 1º chakra e a visão ao 6º chakra.

Os chakras giram para a direita e para a esquerda, mudando de pessoa para pessoa.

Os sete chakras principais no corpo físico correspondem aos plexos nervosos. Existem vários chakras em nosso corpo. No livro *Mãos de Luz*, de

Barbara Ann Brennan, é explicado que os chakras principais se formam nos pontos nos quais as linhas de energia se cruzam 21 vezes; os chakras menores se cruzam 14 vezes como, por exemplo, os chakras nas palmas das mãos, e nos chakras ainda menores, as linhas de energia se cruzam sete vezes.

5

Como Funciona o Sistema dos Chakras?

Como se origina um bloqueio nos chakras?

Essas espirais giram e absorvem a energia cósmica a fim de trazê-la ao corpo energético para alimentar a aura e depois influenciar, de acordo com a região, as glândulas endócrinas no veículo físico.

Um chakra influencia o outro em um movimento de inspiração e expiração. Assim como a respiração do Universo, o movimento desses vórtices nunca para, é contínuo.

Essas espirais unem a mente e o corpo.

São multidimensionais – quando um se harmoniza, equilibra-se tanto a parte física como a mental.

Por meio da meditação você equilibra a mente e pelas asanas (posturas do corpo na yoga) você equilibra o seu físico.

O bom funcionamento dos chakras influencia sua vida e a daqueles ao seu redor. A partir do momento que tudo é energia, entramos sempre em contato com "a energia" das outras pessoas.

Essa influência pode ser boa ou ruim; depende do que você está "emitindo", de como estão suas emoções e seus pensamentos.

Como nos sentimos quando nos aproximamos de alguém feliz e bem-humorado? E quando estamos perto de uma pessoa triste ou com sentimento de raiva?

A consciência de que o meu campo energético interpenetra e influencia o campo energético das pessoas que me circundam, que fazem parte da minha vida, me dá responsabilidade para emitir uma boa energia e também uma advertência para me proteger das energias mal qualificadas dos outros.

Nossas dificuldades podem ser relacionadas ao funcionamento desses pontos energéticos. Por exemplo, quando temos dificuldade para nos comunicar, há um bloqueio no quinto chakra; se somos muito indecisos, podemos bloquear o terceiro centro; medo e excessiva preocupação com as finanças por um longo tempo causam quase sempre um bloqueio no primeiro chakra.

Esses bloqueios estão relacionados a traumas, condicionamentos sociais e familiares e a maus hábitos.

Esses sentimentos emitem energia mal qualificada e, com o passar do tempo, cristalizam-se e estabelecem-se na musculatura. Mesmo se a situação que nos levou a essas energias acabarem, o que ficou cristalizado precisa de ajuda; a energia não vai escorrer nos nadis livremente, pois criou-se um bloqueio energético.

Um chakra deve receber energia para ser estimulado de maneira harmoniosa. Todo excesso ou carência não é ideal. O equilíbrio é o caminho do meio.

Quando nos alimentamos de maneira errada, as substâncias começam a se acumular nas veias e em nosso sangue, como, por exemplo, o excesso de gordura, que depois nos dará problemas com o colesterol. Isso não acontece de um dia para o outro. Leva-se um tempo para que o organismo dê sinais de alerta.

O prana pode sofrer bloqueios em seu fluxo, pode ter um excesso ou uma escassez de estímulo.

Temos que buscar o equilíbrio. O excesso de estímulo de um chakra é como se uma corda fosse continuamente puxada, causando estresse, nunca relaxando; no caso de pouco estímulo, existe uma fraqueza do chakra, a energia não circula.

O acúmulo de energia mal qualificada produzido pelos pensamentos e pelas emoções negativas que ficam em torno dos centros energéticos prejudicam o bom funcionamento deles. Quando esses pensamentos e essas emoções são positivas, equilibradas, atraímos para nós energia também positiva e equilibrada.

O ser humano desperto é consciente de que o seu campo energético interpenetra e influencia o campo energético das pessoas que o circundam e fazem parte de sua vida. Existe responsabilidade na energia que se emite.

Estar equilibrado e feliz torna a energia ao seu redor equilibrada também.

Por isso, a proteção do nosso campo energético também deve ser levada a sério para que não sejamos influenciados tão facilmente pela energia mal qualificada dos outros.

Essa proteção se dá por meio de mantras, decretos, orações e afirmações.

6

Como Posso Equilibrar um Chakra?

- **CHAKRAS E FLORAIS DE BACH**

"Não permita que a simplicidade deste método o detenha, pois você vai perceber que quanto mais você se aprofundar nas pesquisas, mais perceberá que a simplicidade está em toda a Criação." (Bach, 1936).

Os **Florais de Bach** são um sistema de cura natural e simples. Tem esse nome porque foi o Dr. Edward Bach, médico inglês, que nos deixou a Terapia Floral, hoje reconhecida pela Organização Mundial da Saúde (OMS) como medicina alternativa vibracional.

E justamente nas flores, parte da planta que contém a semente que depois vai voltar para a terra e dar vida a outra planta é que o Dr. Bach buscou entender a perfeição da Natureza.

Na Terapia Floral não se considera apenas a parte material da planta, mas a vibração de cada flor, a parte energética que leva à parte espiritual. Por isso, Dr. Bach escolheu plantas não comestíveis e não tóxicas que vivessem em terrenos naturais.

O sistema de Florais de Bach é muito simples e pode ser usado por todos.

Dr. Bach nos deixou 38 florais divididos em sete grupos para pessoas que:

- sofrem de medo
- sofrem de incerteza
- sofrem de sensibilidade excessiva à influência e opinião dos outros
- sofrem de solidão
- sofrem de falta de interesse pelo momento presente

- sofrem de desalento e desespero
- Preocupam-se excessivamente com o bem-estar dos outros

Uma ótima opção para equilibrar seus chakras é tomar os Florais de Bach.

Você encontrará na explicação de cada chakra os florais mais adequados. Escolha um e tome quatro gotas, quatro vezes ao dia.

Você poderá adicionar mais de um floral, mas sugiro que não seja mais de quatro florais em uma mesma mistura.

Entenda que cada floral vai trabalhar uma determinada vibração e é bom que você possa experimentar a ativação do chakra.

A manipulação é feita por terapeutas florais ou em farmácias de manipulação.

- **REIKI E OS CHAKRAS**

Reiki é uma modalidade de cura natural na qual o praticante canaliza a energia vital cósmica e, pelas mãos, doa essa energia a si mesmo ou aos outros.

Sobre cada chakra o reikiano pode posicionar as mãos deles e enviar a energia Reiki .

O autotratamento de Reiki, se feito regularmente, proporciona aos chakras um estímulo benéfico de energia e ajuda na prevenção de bloqueios.

Para se tornar um reikiano, basta procurar um Mestre habilitado e participar de um *workshop* em que receberá a iniciação para se tornar um reikiano.

Hoje, o Reiki como prevenção e técnica de harmonização está sendo usado em hospitais de vários países.

Para equilibrar os chakras com o Reiki, posicione suas mãos na seguinte ordem:

1 – Uma mão no primeiro chakra e a outra no sexto – permaneça 5 minutos nesta posição.

2 – Uma mão no segundo chakra e a outra no quinto – permaneça 5 minutos nesta posição.

3 – Uma mão no quarto chakra e a outra mão no terceiro – permaneça 5 minutos nesta posição.

Essa técnica pode não funcionar se o bloqueio for muito grande e antigo.

Nesse caso, deve-se procurar um terapeuta especializado em nadis e meridianos para que a energia volte a fluir livremente em seu corpo.

O importante é trabalhar interiormente para entender o que causou o bloqueio, quais pensamentos ou atos levaram ao desequilíbrio.

O Reiki pode ajudar muito na manutenção do equilíbrio dos chakras.

- **MUDRAS**

Trata-se de gestos feitos com as mãos que ajudam na ativação de determinadas energias, utilizando os chakras menores que temos em nossas mãos e em nossos dedos.

A maneira correta de praticar os mudras para equilibrar os chakras é sentar-se em posição de lótus e, enquanto pratica o mudra, entoar a sílaba, ou mantra correspondente ao chakra. (Mais adiante encontrará o mantra e o mudra correspondente a cada chakra).

Faça isso por 5 minutos.

Associação dos dedos das mãos aos chakras e elementos:

Dedo	Chakra	Elemento
polegar	solar	fogo
indicador	cardíaco	ar
médio	laríngeo	éter
anular	básico	terra
mínimo	sexual	água

- **YOGA**

Yoga significa "união" e refere-se à união da mente com o corpo e o espírito.

Por meio das asanas (posições do corpo) e exercícios de respiração (pranayama) o praticante dessa arte milenar cuida da saúde física, mental e espiritual.

Os chakras são equilibrados com as asanas e respirações.

Hoje em dia a prática da yoga é difundida em todo o mundo.

Praticar yoga é talvez a melhor atitude que podemos tomar para mantermos uma boa saúde física, mental e espiritual.

- ## **PROTEÇÃO DOS CHAKRAS**

Somos seres espirituais que vivenciam uma vida em um corpo humano.

Já vivemos outras vidas e estamos sempre buscando a perfeição e a integridade com Deus para que a luz maravilhosa que temos dentro de nós possa se manifestar duradouramente. Podemos, por meio de meditação, orações e decretos atingir um patamar grande de Luz, mas a Nova Era necessita de seres que consigam manter esse estado de Luz Divina constantemente.

Estamos quase lá, acredite! Somos guiados a cada dia para que isso aconteça.

E por quem somos guiados?

Por uma Hierarquia Espiritual, que guia nosso planeta há milênios.

Faz parte dessa Hierarquia o reino angelical e os nossos Irmãos Maiores, os Mestres Ascensos, que já passaram por muitas vidas e atingiram a iluminação.

A história da Hierarquia está escrita em vários livros e não irei me aprofundar nela agora. O importante é saber que esses Seres de Luz são nossos amigos e mestres espirituais.

Quando oramos e decretamos, formamos um Pilar de Luz que atinge altos níveis de consciência, nos quais a hierarquia angelical e os mestres espirituais se encontram e eles podem ouvir nossa solicitação de ajuda.

Decretos são orações com um ritmo forte e seguro, que invocam uma energia espiritual potente, podendo ser curtos ou longos.

Neste livro você encontrará para cada chakra, um decreto curto e fácil de memorizar. Você poderá usá-lo enquanto aplica Reiki em um chakra ou durante a prática de um mudra. Vários livros da Grande Fraternidade Branca explicam a Ciência da Palavra Falada e ensinam vários decretos e apelos.

Pesquise e coloque o ato de decretar em sua vida. O resultado é maravilhoso!

Deixo aqui o Decreto da Era de Aquário. É fácil de ser memorizado e se você repeti-lo várias vezes visualizando a Chama Violeta, vai sentir em poucos dias o transmutar de energias negativas em sua vida.

**EU SOU UM SER DE FOGO VIOLETA.
EU SOU A PUREZA QUE DEUS DESEJA!**

7

Algumas Definições

1 – Localização do chakra

Os chakras estão localizados no corpo energético bem próximo do físico. Nós o chamamos de corpo etérico.

Porém podemos dar uma localização do vórtice no físico para melhor trabalharmos essa energia.

2 – A cor do chakra

As cores são nossa percepção da luz, podendo variar em vários tons. Quando os elétrons dos átomos saltam, acumulam ou perdem energia e mudam de cor. A luz emitida está em uma frequência mais alta ou mais baixa. O comprimento de onda da luz reflete as diferentes cores que conhecemos.

As cores dos chakras seguem as cores do arco-íris, da frequência mais baixa, o vermelho, associado ao primeiro chakra, até a frequência mais alta, o violeta, associado ao sétimo chakra.

Pessoas clarividentes podem observar variações nas cores dos chakras. Isso acontece com as crianças índigo ou cristais, ou com adultos que já alcançaram degraus mais avançados no Caminho Espiritual.

De qualquer maneira, as cores associadas aos chakras como nos são apresentadas mais comumente ajudam-nos em meditações e curas.

3 – O elemento relacionado ao chakra

Trata-se de um arquétipo de cada elemento.

Primeiro chakra – terra

Segundo chakra – água

Terceiro chakra – fogo

Quarto chakra – ar

Quinto chakra – éter

Para o sexto e sétimo chakras, os elementos encontrados na literatura especializada variam muito. Escolhi, então, os arquétipos com os quais já tive experiência em meditações e técnicas de equilíbrio e cura dos centros energéticos. Sãe eles:

Sexto chakra   – Luz

Sétimo chakra – todos os elementos purificados

A nossa base física (terra) nos dá estabilidade, mas não podemos evoluir sem movimento. Dessa forma, o movimento das emoções (água) nos estimula a seguir e precisamos de uma grande força, impulsionada por um calor (fogo) que se move dentro de nós para termos vontade e coragem em nossa vida. Começamos a nos amar e estamos prontos para vermos o amor em tudo e em todos (ar). Iniciamos conscientemente a vida espiritual integrada em todos os níveis (éter) de nossa existência. A percepção aumenta, a visão (Luz) é alargada e nos sentimos em união com nossa essência. Alcançamos o degrau da consciência plena.

4 – Afirmações

São frases curtas e positivas, muito usadas em várias filosofias e métodos holísticos de cura. Neste livro, você encontrará afirmações que ajudarão a desbloquear uma emoção ou sentimento que impede o bom funcionamento dos chakras.

Podem ser repetidas durante o dia e principalmente antes de dormir.

São de grande ajuda na mudança de pensamentos desarmoniosos que muitas vezes insistimos em ter.

5 – Os Sete Raios Divinos

Do Coração de Deus Pai-Mãe emana a Luz Branca Pura, um prisma que reflete outras cores.

Os sete raios principais emanam dessas cores e trazem as qualidades divinas: Vontade, Sabedoria, Amor, Pureza, Ciência, Paz e Liberdade.

Essa Luz é transmitida para nossa aura por meio dos chakras principais.

Cada chakra refere-se a um raio divino.

6 – Os Mantras

Mantra significa em sânscrito, "fórmula sagrada". Através da repetição de sons que vibram uma energia específica, podemos controlar nossa mente. No estudo dos chakras usamos o "Bija Mantra", uma letra que é um som-semente, que dá acesso ao controle da essência do chakra.

8

As Glândulas Endócrinas

As glândulas endócrinas têm como função secretar os hormônios, lançando-os na corrente sanguínea, na qual atingirão todas as células do corpo.

Essas substâncias ajudam a regular o metabolismo e são importantes no crescimento e na reprodução, além de interferirem no temperamento e nas emoções.

Os chakras influenciam as glândulas endócrinas e os hormônios de acordo com sua posição. Os centros energéticos protegem as glândulas contra doenças e distúrbios .

Muladhara – 1º chakra – Age nas glândulas suprarrenais, que se localizam acima dos rins e são compostas de 2 partes: medula e córtex. Elas produzem a adrenalina que tem a função de preparar o corpo para situações de emergência pela circulação e equilíbrio da temperatura do corpo. Exerce um efeito positivo no estresse.

Svadhisthana – 2º chakra – Age nas glândulas sexuais – ovários e testículos –, que produzem os hormônios responsáveis pela reprodução.

Os ovários produzem progesterona e os testículos a testosterona.

Manipura – 3º chakra – Atua no pâncreas, localizado na parte superior do abdôme. Sua função é digerir os alimentos. Produz o hormônio insulina, que regula os níveis de glicose no sangue.

As enzimas isoladas pelo pâncreas são importantes para a assimilação de gordura e proteínas.

Anahata – 4º chakra – Este centro energético influencia o timo que age diretamente na defesa imunitária. O timo situa-se abaixo da traqueia e acima do coração.

Vishuddha – 5º chakra – Este chakra age na tireoide. Esta glândula se localiza na região do pescoço, bem abaixo do pomo-de-adão. É uma das maiores glândulas do corpo humano. Tem a forma de uma borboleta e pesa aproximadamente de 15 a 25 gramas.

Seu bom funcionamento é de muita importância para todo o organismo, pois secreta dois hormônios que afetam muitos órgãos, como o coração, cérebro, fígado, os rins e a pele.

Esses hormônios interferem no crescimento e desenvolvimento das crianças e dos adolescentes, regulam o ciclo menstrual, a fertilidade, o peso, a memória, a concentração, o humor e o controle emocional.

O excesso desses hormônios causam o hipertiroidismo e a diminuição, o hipotiroidismo.

A tireoide regula também a quantidade de cálcio no corpo humano.

Ajna – 6º chakra – Este chakra influencia a glândula hipófise, também chamada de "pituitária". Os hormônios produzidos na hipófise controlam todo o sistema endócrino e influenciam o sistema imunitário, o sistema nervoso e a psique.

Sahasrara – 7º chakra – Este centro energético age na glândula pineal, também chamada de epífise. Ela é muito importante porque produz a melatonina, que controla o recebimento da luz e regula o ritmo no ciclo sono/vigília. Os distúrbios mais comuns quando essa glândula não funciona bem são insônia e depressão.

9

Primeiro Centro Energético

Autoconservação

Nome em sânscrito: **Muladhara** ("raiz")

Também denominado **Chacra Raiz** –

Chakra Básico – Primeiro **Chakra**

Localização: base da coluna vertebral

Cor: vermelho

Elemento: terra

Símbolo: quadrado

Número de pétalas: 4

Em equilíbrio: confiança nas pessoas, vitalidade, prosperidade, alegria, estabilidade.

Em desequilíbrio: desconexão com o próprio corpo, aumento de peso, pouca disciplina, medo de mudanças, desencorajamento.

Doenças físicas e psíquicas: doenças no intestino, dor na coluna, anemia, fraqueza, prisão de ventre, hemorroidas, varizes, depressão e medos em geral, falta de confiança.

Mantra: LAM

Glândulas correspondentes: suprarrenais

Frases para reflexão sobre o primeiro chakra

Se três ou mais frases forem positivas para você, dê uma atenção especial na harmonização deste chakra:

1 – Tenho medo do futuro.

2 – Tenho pouca confiança na vida.

3 – Fico cansado facilmente.

4 – Não pratico exercícios físicos.

5 – Tenho dificuldades com a digestão.

6 – Desconfio da vida.

7 – Sinto-me oprimido.

Agora alguns conselhos para harmonizar o Chakra Raiz:

1 – Pratique esporte regularmente.

2 – Caminhe descalço na terra ou na grama.

3 – Faça jardinagem – o contato com a terra será muito útil.

4 – Use meias ou calças compridas vermelhas frequentemente.

5 – Escute música africana.

Mudra: **Bhu Mudra**

Durante a prática deste mudra, tente pronunciar lentamente o som LAM, preferencialmente com os olhos fechados.

Este mudra vai conectar você com o elemento terra.

Una o indicador e o dedo médio, esticando-os e tocando o chão, enquanto os outros dedos ficam dobrados, deixando o polegar para cima.

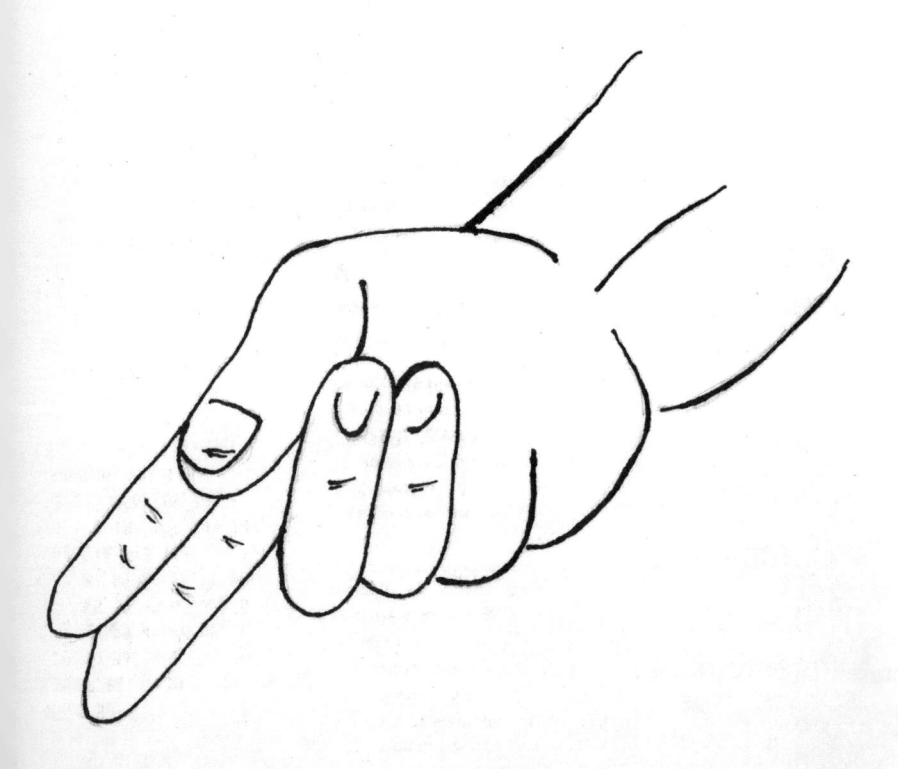

Afirmações:

Com voz baixa e lentamente, repita várias vezes durante o dia, sobretudo antes de dormir:

1 – Sou confiante.

2 – Tenho confiança na vida.

3 – Faço minhas tarefas com disposição.

4 – Assumo minha vida tranquilamente.

5 – Supero meus medos.

6 – Sinto-me forte e com coragem para criar a minha vida.

Florais de Bach indicados para equilibrar este chakra:

Crab Apple – Elm – Oak

Decreto para energizar o primeiro chakra:

Eu sou um ser de fogo violeta.

Eu sou a pureza que Deus deseja!

Meu chakra da base é uma espiral
de fogo violeta.

Meu chakra da base é a pureza que
Deus deseja! (3x)

O primeiro chakra refere-se ao Raio Branco.

Emana os atributos da Lei Divina, pureza e integridade.

10

Segundo Centro Energético

Autogratificação

Nome em sânscrito: **Svadhisthana** ("doçura" ou "morada do ser")

Também denominado **Chakra Sexual – Centro Sacral – Ckakra da Alma – Segundo Chakra**

Localização: entre a base e o umbigo

Cor: laranja

Elemento: água

Símbolo: lua crescente

Número de pétalas: 6

Em equilíbrio: aceitação das mudanças, capacidade de experimentar o prazer na vida, alegria.

Em desequilíbrio: agressividade, falta de identificação com a criança interior.

Doenças físicas e psíquicas: problemas com os órgãos reprodutores, problemas menstruais, doença nos rins, doenças no sangue, crises emocionais, depressão.

Mantra: VAM

Glândulas correspondentes: ovários e testículos

Frases para reflexão sobre o segundo chakra

Se três ou mais frases forem positivas para você, dê uma atenção especial na harmonização deste chakra:

1 – Tenho pouca vitalidade.

2 – Sou uma pessoa triste na maioria dos dias.

3 – Estou sem criatividade.

4 – Sou muito ciumento.

5 – Tenho problemas sexuais.

6 – Sofro regularmente de cólicas menstruais.

7 – Tenho regularmente dor nos rins.

Agora alguns conselhos para harmonizar o Chakra Centro Sacral:

1 – Entre em contato com o elemento água, indo à piscina ou à praia.

2 – Tome banhos com água mais quente.

3 – Coloque a cor laranja em sua vida: no seu vestuário ou na decoração de sua casa e escritório.

4 – Beba água em abundância.

Mudra: Svadhisthana Mudra

Enquanto está praticando este mudra, tente pronunciar lentamente o som VAM, preferencialmente com os olhos fechados.

Mão direita no baixo abdôme e mão esquerda com palma para cima. A mão esquerda recebe a energia de cura e a mão direita transmite ao chakra.

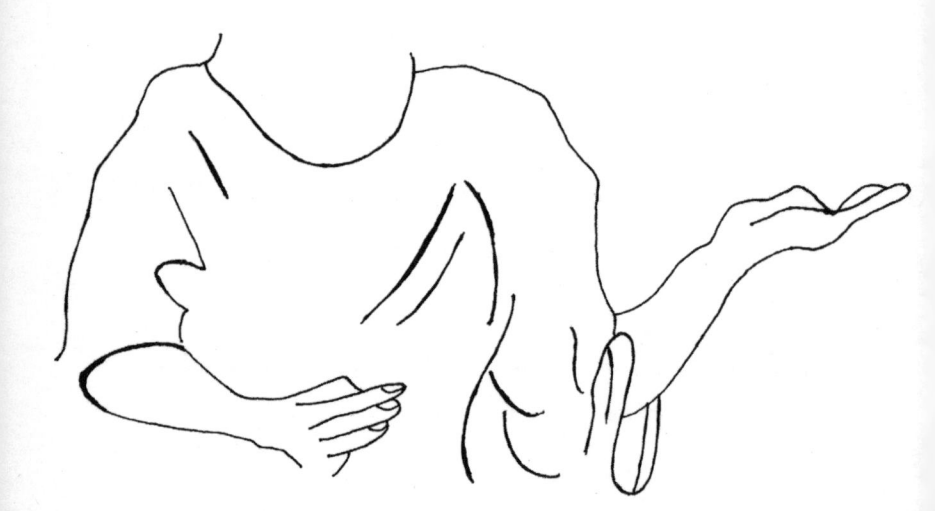

Afirmações:

Com voz baixa e lentamente, repita várias vezes durante o dia, sobretudo antes de dormir:

1 – Sigo o fluxo da vida.

2 – Estou aberto às mudanças.

3 – Vivo tranquilamente minha sexualidade.

4 – Crio a minha vida de maneira harmoniosa.

Florais de Bach indicados para equilibrar este chakra:

Beech – Chicory – Vervain

Decreto para energizar o segundo chakra:

Eu sou um ser de fogo violeta.

Eu sou a pureza que Deus deseja!

Meu chakra da alma
é um centro de fogo violeta.

Meu chakra da alma é a pureza que
Deus deseja! (3x)

O segundo chakra refere-se ao Raio Violeta.

Raio da Nova Era cujas principais características são: a liberdade, a diplomacia, a libertação do passado e de tudo que reprime o progresso individual e social.

11

Terceiro Centro Energético

Autodefinição

Nome em sânscrito: **Manipura** ("cheio de joias" ou "joia luminosa)

Também denominado **Chakra Plexo Solar – Terceiro Chakra**

Localização: região do umbigo

Cor: amarelo

Elemento: fogo

Símbolo: triângulo

Número de pétalas: 10

Em equilíbrio: força de vontade, espontaneidade, desejo correto, equilíbrio, responsabilidade, confiança, poder pessoal.

Em desequilíbrio: agressividade, indulgência exagerada, forte sentimentalismo, baixa autoestima, pouca energia.

Doenças físicas e psíquicas: doenças do fígado, dores no estômago, diabete, obesidade, desordem alimentar, cansaço crônico.

Mantra: RAM

Glândula correspondente: pâncreas

Frases para reflexão sobre o terceiro chakra

Se três ou mais frases forem positivas para você, dê uma atenção especial na harmonização deste chakra:

1 – Minha barriga incha com facilidade.

2 – Durmo mal e costumo ter pesadelos.

3 – Sinto raiva quando as coisas são diferentes do que eu esperava.

4 – Tenho problemas intestinais.

5 – Tenho dificuldade em aceitar críticas.

6 – Tenho problemas com aumento de peso.

Agora alguns conselhos para harmonizar o Chakra do Plexo Solar:

1 – A cor amarela pode ser mais usada, tanto no vestuário quanto na decoração, como flores, por exemplo.

2 – Faça meditação observando a chama de uma vela.

3 – Tome sol e sinta a energia penetrando seu corpo e alegre-se.

4 – Escute música clássica.

Mudra: **Matangi Mudra**

Enquanto estiver praticando este mudra, tente pronunciar lentamente o som RAM, preferencialmente com os olhos fechados.

Entrelace os dedos, unindo os médios. Faça o mudra com as mãos em frente ao plexo solar.

Afirmações:

Com voz baixa e lentamente, repita várias vezes durante o dia, sobretudo antes de dormir:

1 – Aceito as opiniões dos outros sem me ofender.

2 – Estou livre de antigos padrões de pensamento.

3 – Eu estou livre de toxinas antigas que estavam no meu corpo.

4 – Liberto-me da necessidade de controle.

5 – Consigo seguir o fluxo da vida, digerindo bem os pensamentos, sentimentos e alimentos.

Florais de Bach indicados para equilibrar este chakra:

Aspen – Cherry Plum – Mimulus

Decreto para energizar o terceiro chakra:

Eu sou um ser de fogo violeta.

Eu sou a pureza que Deus deseja!

Meu plexo solar é um sol de fogo violeta.

Meu plexo solar é a pureza
que Deus deseja! (3x)

O terceiro chakra refere-se ao Raio Rubi Dourado.

Este raio manifesta os atributos da paz, devoção e amor a Deus e ao próximo, e nos ensina o controle das emoções.

12

Quarto Centro Energético

Aceitação

Nome em sânscrito: **Anahata** ("inquebrável")

Também denominado **Chakra do Coração – Quarto Chakra**

Localização: centro do peito

Cores: verde e rosa

Elemento: ar

Símbolo: Estrela de David

Número de pétalas: 12

Em equilíbrio: capacidade de amar, amor próprio, altruísmo, sistema imunitário eficiente.

Em desequilíbrio: antissocial, depressão, medo de intimidade

Doenças físicas e psíquicas: doenças cardíacas, dores no peito, asma, doenças pulmonares.

Mantra: YAM

Glândula correspondente: timo

Frases para reflexão sobre o quarto chakra

Se três ou mais frases forem positivas para você, dê uma atenção especial na harmonização deste chakra:

1 – Tenho poucos amigos.

2 – Sigo as regras da sociedade para ser bem--aceito.

3 – Sou uma pessoa solitária.

4 – Gostaria de amar mais a mim mesmo.

5 – Tenho distúrbios cardíacos.

6 – Tenho frequentemente asma e resfriados.

7 – Tenho dificuldades para amar os outros.

Agora alguns conselhos para harmonizar o Chakra do Coração:

1 – Ame a si mesmo. Dedique um pouco de tempo só para você.

2 – Receba massagem relaxante, faça um passeio ao ar livre em meio à Natureza.

3 – Tenha o hábito de cultivar plantas em casa.

4 – Pratique Reiki ou outra modalidade de cura com as mãos.

Mudra: Padma Mudra

Enquanto estiver praticando este mudra, tente pronunciar lentamente o som YAM, preferencialmente com os olhos fechados.

Una os punhos, dedos polegares e mínimos.

Os demais dedos ficam abertos.

Este mudra lembra a flor de lótus.

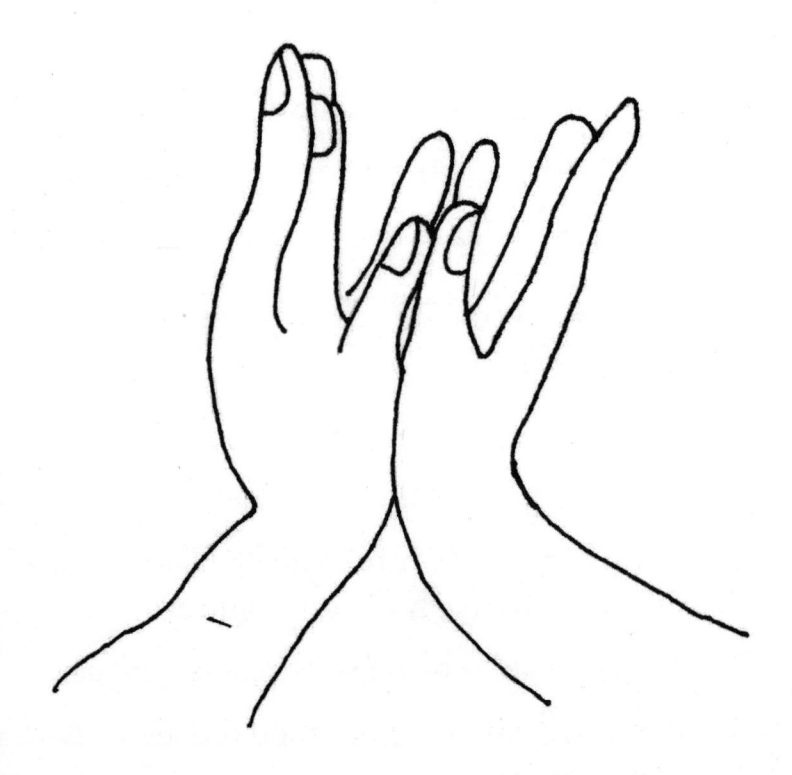

Afirmações:

Com voz baixa e lentamente, repita várias vezes durante o dia, sobretudo antes de dormir:

1 – Ofereço amor sem restrições.

2 – Recebo amor sem restrições.

3 – Livro-me de dores antigas e que estavam guardadas dentro de mim.

4 – Permaneço centrado no processo da vida.

Florais de Bach indicados para equilibrar este chakra:

Agrimony – Centaury – Walnut

Decreto para energizar o quarto chakra:

Eu sou um ser de fogo violeta.

Eu sou a pureza que Deus deseja!

Meu coração é uma mandala de fogo violeta.

Meu coração é a pureza que Deus deseja! (3x)

O quarto chakra refere-se ao Raio Rosa.

O Chakra do Coração distribui a energia aos outros chakras.

Aqui está a Chama Trina com os atributos do Poder, da Sabedoria e do Amor Divinos.

13

Quinto Centro Energético

Autoexpressão

Nome em sânscrito: **Vishuddha** ("puro")

Também denominado Chakra da Garganta – Quinto Chakra

Localização: garganta

Cor: azul-claro

Elemento: éter

Símbolo: círculo

Número de pétalas: 16

Em equilíbrio: comunicação clara, tom de voz tranquilo, capacidade de compreensão, poder pessoal, criatividade.

Em desequilíbrio: conversa inútil, fofoca, mania de poder, incapacidade de escutar.

Doenças físicas e psíquicas: dor de garganta, problemas nos dentes, problemas da fala, intoxicação em geral.

Mantra: HAM

Glândula correspondente: tireoide

Frases para reflexão sobre o quinto chakra

Se três ou mais frases forem positivas para você, dê atenção especial na harmonização deste chakra:

1 – Regularmente sinto dor de garganta.

2 – Falo muito.

3 – Sinto que nem sempre consigo expressar minhas ideias de maneira clara.

4 – Posso ser inconveniente às vezes, quando me expresso mal.

5 – Sou uma pessoa tímida.

6 – Posso ser manipulador.

Agora alguns conselhos para harmonizar o Chakra da Garganta:

1 – Use a cor azul-celeste no vestuário.

2 – Comece a frequentar um coral ou aprenda um novo idioma.

3 – Pense antes de falar – para facilitar, tome como hábito escrever seus pensamentos em um diário.

Mudra: Garuda Mudra

Enquanto estiver praticando este mudra, tente pronunciar lentamente o som HAM, preferencialmente com os olhos fechados.

Imitando as asas de um pássaro, faça este mudra apoiando as mãos no peito, em cima do timo, esquerda atrás, tocando o corpo.

Afirmações:

Com voz baixa e lentamente, repita várias vezes durante o dia, sobretudo antes de dormir:

1 – Trato as pessoas com respeito.

2 – Sinto o processo da vida.

3 – Expresso minha criatividade com amor.

4 – Eu não preciso controlar tudo em minha vida.

5 – Aceito-me como sou.

Florais de Bach indicados para equilibrar este chakra:

Cerato – Gentian – Scleranthus

Decreto para energizar o quinto chakra:

Eu sou um ser de fogo violeta.

Eu sou a pureza que Deus deseja!

Meu chakra laríngeo é um chakra de fogo violeta.

Meu chakra laríngeo é a pureza que Deus deseja! (3x)

O quinto chakra refere-se ao Raio Azul.

Este raio fortalece o nosso desejo de fazer a vontade de Deus, nos dá coragem, aumenta a nossa vontade e ajuda na liberação dos medos.

14

Sexto Centro Energético

Reflexão

Nome em sânscrito: **Ajna** ("saber", "perceber")

Também denominado Chakra do Terceiro Olho – Sexto Chakra

Localização: entre as sobrancelhas

Cor: índigo

Elemento: luz

Símbolo: círculo com duas asas

Número de pétalas: 2

Em equilíbrio: comunicação interior, clareza, controle dos pensamentos, capacidade de visualizar, boa memória.

Em desequilíbrio: ambição de poder, falta de responsabilidade, pouca memória, falta de sensibilidade, alucinações, dificuldade de concentração.

Doenças físicas e psíquicas: dor de cabeça, dor nos olhos, doenças do sistema nervoso.

Mantra: OM

Glândula correspondente: hipófise

Frases para reflexão sobre o sexto chakra

Se três ou mais frases forem positivas para você, dê uma atenção especial na harmonização deste chakra:

1 – Tenho dificuldade em alcançar meus objetivos.
2 – Tenho dificuldade em concentrar-me.
3 – Gostaria de meditar, mas não consigo.
4 – Às vezes me sinto muito perdido na vida, sem saber que rumo tomar.
5 – Sinto muita dor de cabeça.

Agora alguns conselhos para harmonizar o Sexto Chakra:

1 – Leia romances, eles estimularão a sua fantasia.
2 – Leia sobre temas espiritualistas.
3 – Procure frequentar um curso de meditação.

Mudra: **Kalesvara Mudra**

Enquanto está praticando este mudra, tente pronunciar lentamente o som OM, preferencialmente com os olhos fechados.

Una os dedos médios apontando-os para a frente e os demais ficam dobrados, enquanto os polegares tocam-se apontando para você. Experimente tocar os polegares no ponto entre as sobrancelhas.

Afirmações:

Com voz baixa e lentamente, repita várias vezes durante o dia, sobretudo antes de dormir:

1 – Vejo a luz que existe dentro de mim, libertando a minha intuição.

2 – Presto mais atenção na minha intuição.

3 – Perdoo a mim mesmo e vejo novas possibilidades para ser feliz.

4 – Encontro as respostas dentro de mim.

Florais de Bach indicados para equilibrar este chakra:

Chestnut Bud – Clematis – Olive

Decreto para energizar o sexto chakra:

Eu sou um ser de fogo violeta.

Eu sou a pureza que Deus deseja!

Meu terceiro olho é um cristal de fogo violeta.

Meu terceiro olho é a pureza que
Deus deseja! (3x)

O sexto chakra refere-se ao Raio Verde.

Este raio desperta os atributos da verdade e constância.

15

Sétimo Centro Energético

Autoconhecimento

Nome em sânscrito: **Sahasrara** ("mil vezes maior")

Também denominado **Chakra da Coroa** – **Sétimo Chacra**

Localização: alto da cabeça

Cores: branco, dourado

Símbolo: lótus de mil pétalas

Número de pétalas: 972

Em equilíbrio: consciência cósmica, sabedoria, abertura mental.

Em desequilíbrio: superstições, vaidade, orgulho espiritual.

Doenças físicas e psíquicas: dor de cabeça, doenças do sistema nervoso, câncer, amnésia, hemicrânias.

Mantra: OM

Glândula correspondente: pineal

Frases para reflexão sobre o sétimo chakra

Se três ou mais frases forem positivas para você, dê atenção especial na harmonização deste chakra:

1 – Medito raramente e, quando consigo, tenho dificuldade em relaxar.

2 – Regularmente me sinto triste e deprimido.

3 – Penso muito na morte.

4 – Meus objetivos na vida não são claros.

5 – Estou sempre doente, meu sistema imunológico é fraco.

Agora alguns conselhos para harmonizar o Sétimo Chakra:

1 – Procure desenvolver sua vida espiritual.

2 – Leia sobre os Mestres de Luz e Sabedoria.

3 – Medite e pratique yoga.

Mudra: Dhyani Mudra

Enquanto estiver praticando este mudra, tente pronunciar lentamente o som OM, preferencialmente com os olhos fechados.

Mudra da Meditação. Uma mão sobre a outra e polegares se tocam.

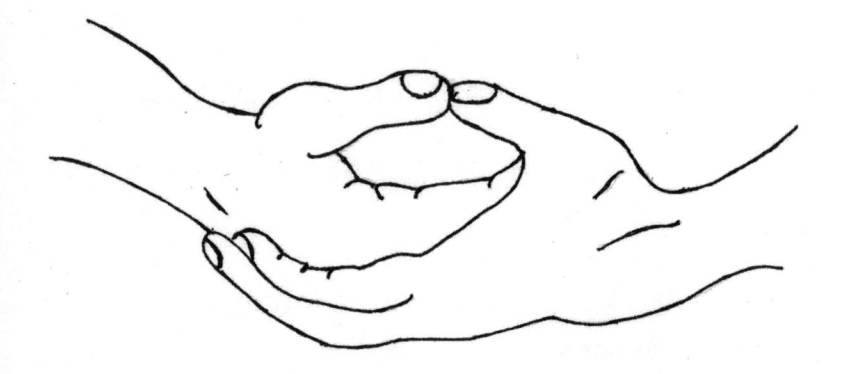

Afirmações:

Com voz baixa e lentamente, repita várias vezes durante o dia, sobretudo antes de dormir:

1 – Estou em paz.

2 – Recebo todo o amor de que necessito.

3 – Sinto a presença divina em minha vida.

4 – Tenho consciência de que nunca estou só.

Florais de Bach indicados para equilibrar este chakra:

Heather – Impatiens – Water Violet

Decreto para energizar o sétimo chakra:

Eu sou um ser de fogo violeta.

Eu sou a pureza que Deus deseja!

Meu chakra coronário é uma coroa de fogo violeta.

Meu chakra coronário é a pureza que
Deus deseja! (3x)

O sétimo chakra refere-se ao Raio Amarelo.

Traz os atributos da sabedoria, iluminação, conhecimento e humildade.

16

Outros Chakras

• **Chakra das mãos**

Na palma das mãos encontramos um centro energético, usado por reikianos e curadores em geral. As mãos nos ligam ao coração, ao dar e receber e ao amor incondicional.

A energia sai do Chakra do Coração e escorre pelos meridianos que passam nos braços, alcançando o chakra das mãos.

• **Chakra dos pés**

Localizado na planta dos pés, este centro energético está ligado ao Chakra Muladhara. Na qualidade de raízes, nos mantém na realidade, com os "pés no chão". Massagear os pés é uma boa prática de cura deste chakra, assim como caminhar descalço.

Seu desequilíbrio causa instabilidade na vida em geral, pois faltará a estabilidade.

• **Chakra do baço**

Este chakra é muito importante, pois é pelo baço que a energia vital entra no corpo físico. Os antigos terapeutas, egípcios e essênios, davam grande atenção a esse ponto energético em suas curas.

• **Chakra do umbigo**

Este centro está ligado tanto ao Chakra Manipura (Plexo Solar) como ao Chakra Svadhisthana (Sexual). Ele ajuda na digestão e no controle das emoções, sendo muito sensível à energia vibracional dos ambientes.

17

O Desenvolvimento Cronológico dos Chakras

Os chakras funcionam sempre ao mesmo tempo, mas existem estágios de desenvolvimento que podemos observar pela idade cronológica, que possibilitam entender o processo evolutivo do ser humano.

O desenvolvimento de um chakra ajuda o chakra seguinte a se desenvolver. Vamos considerar a subida da energia, isto é, o desenvolvimento do primeiro ao sétimo chakra.

Um ciclo completo leva vinte anos, considerando as fases da vida como quando o jovem sai da casa dos pais (início da fase adulta). Essa idade, portanto, pode variar de pessoa para pessoa. O jovem pode passar por essa fase aos 18 ou 19 anos, ou demorar muito para ir morar sozinho. Isso implica também questões sociais e culturais. Algumas pessoas nunca saem da casa dos pais. Temos de considerar uma linha de estudo e adequá-la à nossa realidade.

Este capítulo é resultado de meus estudos com o livro de Anodea Judith, *Chakra – Ruote di Vita*.

Primeiro chakra

Formação: identidade física

Fase: desenvolvimento no pré-natal até os 12 meses após o nascimento; atinge principalmente os 4 e 5 meses da criança.

Características: o domínio das funções motoras é a lição a se aprender nesta fase, como usar o corpo físico. O bebê vai mamar, comer, digerir, pegar objetos, sentar-se, engatinhar, ficar em pé, e começar a dar alguns passos.

Consciência: o bebê tem pouca consciência do mundo externo, vive em total simbiose com a mãe. Ele não está separado do Ser Superior e precisa da mãe para as questões de sobrevivência e bem-estar físico.

Importância: quando a criança consegue se sentir satisfeita nas necessidades motoras, seu espírito começa a ancorar no corpo físico e ela se sente segura no mundo; a sua identidade física está se formando.

Se esta fase não se solidifica, na fase adulta encontrará dificuldade em ser independente, para prover a sua própria sobrevivência e ser autossuficiente.

Segundo chakra

Formação: identidade emotiva

Fase: dos 12 aos 18 meses

Característica: a criança leva a sua atenção para o mundo externo. Sua perspectiva visível se amplia, ela percebe tudo que está ao seu redor, e quer pegar, levar à boca ou jogar longe qualquer objeto próximo a ela.

Consciência: a criança começa a desenvolver a capacidade de estar longe da mãe; ela pode engatinhar nesta fase ou dar os primeiros passos de forma segura e sozinha; tem coragem de se afastar da mãe. Desenvolve a consciência de ser uma entidade separada da mãe, apesar de sentir ainda grande necessidade de tê-la por perto. Desta forma, a criança aqui começa a entender que existe o apego e o desapego, o perto e o longe, consegue perceber que existe "ela" e as outras pessoas.

Importância: A criança aprende a se comunicar. Por isso ela espera sempre ser gratificada porque aprendeu a se comunicar. Mesmo que não seja por palavras, ela sabe agora se fazer entender quando quer algo. Esta fase é totalmente ligada às emoções e deve ser muito seguida pelos pais, porque os limites deverão começar a existir. Esta é a fase da autogratificação.

Terceiro chakra

Formação: identidade pessoal do ego; autodefinição

Fase: dos 18 meses aos 4 anos

Característica: a criança agora é mais segura, passando até mesmo horas longe da mãe. Ela consegue manifestar as suas vontades, pela fala ou, no caso daquelas que demoram um pouco mais a falar, por meio de gestos. A criança quer se afirmar no mundo.

Consciência: Tudo que era inconsciente no desenvolvimento dos dois primeiros chakras se torna agora consciente. A criança tem controle de suas vontades e personalidade; é o despertar do ego.

Por isso, a autonomia e a vontade devem ser controladas para que a criança não seja reprimida, tendo-se muito cuidado para não satisfazê-la sem impor limites, para sua própria segurança e educação. Pode ser um momento bem difícil para os pais que não conseguiram ainda se comunicar com os filhos. Nesta fase, surgem as crianças incontroladas, que fazem "birra" quando querem algo. Neste Novo Milênio os pais devem ter mais tempo para seus filhos a fim de explicar as coisas do mundo e manterem uma vida serena.

No caso de adultos que não passaram bem por esta fase infantil, temos os adultos prepotentes, que usam o próprio poder sobre os outros.

Quarto chakra

Formação: identidade social; o foco são os relacionamentos

Fase: dos 4 aos 7 anos

Característica: a criança começa a amar conscientemente; ela manifesta amor não só aos pais, mas também aos amigos e parentes. Se a sua autonomia está sólida, ela cria neste momento amizades importantes. Por esta razão, uma perda ou distanciamento de pessoas importantes na vida da criança pode ser muito prejudicial para sua autoestima, porque ela associa os relacionamentos com a aceitação de si mesma ou à não aceitação. Ela precisa de muito amor e compreensão emocional. Nesta fase, a criança já aprendeu os valores familiares e os levará para fora de casa. O primeiro e mais importante contexto social será sempre a família.

Consciência: nesta fase a criança aprende a maneira como as coisas, situações e pessoas se relacionam entre si. Percebe as diferenças na vida dos colegas de escola, pode comparar o que tem em sua casa e o que o amiguinho tem na casa dele.

Percebe que as pessoas se relacionam, apesar de serem diferentes em seus hábitos e valores. Se ela se autoaceita, terá respeito pelos outros.

O adulto que passou bem pela fase infantil de autoaceitação, não terá problemas em seus relacionamentos, sejam eles amorosos ou de trabalho. Procurará seu papel na sociedade, focado na sua individualização, mas consciente de que todas as outras pessoas também buscam o mesmo.

Quinto chakra

Formação: identidade criativa

Fase: dos 7 aos 12 anos

Características: a criança se abre para a criatividade pessoal. Ela aprendeu a se relacionar com o mundo fora de casa e começa a mostrar seus próprios dons, esperando ser reconhecido por isso.

Consciência: a criança demonstra uma autoexpressão própria, tem e externa pensamentos abstratos e sua criatividade está à flor da pele. É o momento das aulas de dança, canto, teatro e outras atividades.

Na fase adulta, a pessoa quer manifestar a sua contribuição para o mundo, o porquê de estar aqui. Muitas começam a manifestar a missão individual graças aos seus dons.

Sexto chakra

Formação: identidade arquétipa

Fase: adolescência

Características: o jovem começa a rever seus modelos, sai da identidade social familiar em que tem profundas raízes para o mundo externo, que agora lhe aparece cheio de grandes e maravilhosos novos interesses. Começa a entender os simbolismos da vida, pode se interessar pela espiritualidade, pelo oculto e pelas artes.

Consciência: a consciência expande-se, começa a amadurecer e fazer uma autorreflexão da vida.

Sétimo chakra

Formação: identidade universal

Características: o jovem adulto quer encontrar soluções para o mundo. Sabe que está ligado a todos os seres no planeta e expondo suas habilidades, quer ser útil.

Consciência: todos os chakras pulsam e o Ser é capaz de entender que faz parte de um Todo, interage com o Todo e manifesta a sua missão.

A relação dos Raios Cósmicos com os chakras podem sofrer alterações por causa das escolas de pensamento e até mesmo em razão da transformação interior da pessoa, isto é, o aumento do cosciente de luz.

Bibliografia

PROPHET, Elizabeth Clare. *Os Sete Centros de Energia*. Rio de Janeiro. Nova Era, 2004.

JUDITH, Anodea. *Chakra – Ruote di Vita*. Milano, 2000.

GOVINDA, Kalashatra. *Atlante dei Chakra*. Cesena: Macro Edizioni, 2009.

PACKER, Maria Laura Garcia. *A Senda do Yoga*. Brasília: Teosófica, 2008.

GIVAUDAN, Anne; MEUROIS, Daniel. *Le Vesti di Luce*. Turim: Amrita, 1987.

BRENNAN, Barbara Ann. *Mãos de Luz*. São Paulo: Pensamento, 1996.

Jasmuhen, *Em Sintonia – A Arte da Ressonância*. São Paulo: Ground, 2001.

STONE, Joshua David. *O Caminho da Ascensão*. São Paulo: Pensamento, 1998.

SÍMBOLO	1º	2º	3º
NOME	MULADHARA	SVADHISTHANA	MANIPURA
Cor de vibração	Vermelho	Laranja	Amarelo
Localização	Base da coluna	Região umbilical	Região do Umbigo
Glândula Associada	Suprarrenais	Ovários e testículos	Pâncreas
Pedras	Hematita/Turmalina Jasper vermelha	Pedra da lua Quartzo rutilado	Citrino Calcita Amarela
Deficientes	Medos Falta de Coragem	Ciúmes/Falta de Misericórdia Perdão	Agressividade/Forte sentimentalismo
Equilibrado	Confiança Bom humor Alegria	Vitalidade Alegria de viver	Empatia Equilíbrio Força de Vontade
Mantra/Bija	LAM	VAM	RAM
Elemento predominante	Terra	Água	Fogo
Número de pétalas	4	6	10
Palavra-chave	Visão	Desejo	Vontade
Nota musical	Dó	Ré	Mi
Como equilibrá-lo	Caminhar conscientemente com os pés descalços, sentindo o chão	Afirmação para ser repetida várias vezes durante o dia: "Siga o fluxo da vida".	Medite Observando a chama de uma vela. Tome sol e sinta a energia penetrando seu corpo e alegre-se.
Visualização	Luz vermelha, vindo da terra	Luz laranja, vindo da terra	Luz amarela, vindo da terra

4º	5º	6º	7º
ANAHATA	**VISHUDDHA**	**AJNA**	**SAHASRARA**
Verde e Rosa	Azul-claro	Índigo	Branco Violeta/Dourado
Centro do peito	Garganta	Entre as sobrancelhas	Alto da cabeça
Timo	Tireoide	Hipófise	Pineal
Jaspe verde Quartzo rosa	Lápis-lázuli/Sodalita Ágata/Blue lace	Sodalita/Ametista Safira azul	Selenita/Ametista Cristal rutilado
Frieza Incapacidade de amar	Covardia Mania de poder Dúvida	Ambição Confusão Falta de fé	Vaidade Egocentrismo Melancolia
Amor ao próximo Autoestima Tolerância	Fé/Tom/Voz tranquila/Comunicação Clara	Verdade/Clareza Controle dos pensamentos	Consciência Sabedoria Compreensão
YAM	HAM	OM	OM
Ar	Som	Luz	Consciência
12	16	2	972
Amor/Alegria Compaixão	Comunicação	Intuição	Conexão Cósmica
Fá	Sol	Lá	Si
Afirmação para ser repetida várias vezes durante o dia: "Eu me amo, me perdoo e sou feliz".	Reflito Penso antes de falar	Medie. Uso do japamala com o Mantra Om	Afirmação para ser repetida várias vezes durante o dia: "Tenho consciência de que nunca estou só."
Luz verde, vindo do horizonte	Luz azul, vindo do alto	Luz índigo, vindo do alto	Luz violeta, vindo do alto